ars vivendi

Walter Vogel

Caffè, per favore!

ars vivendi

Originalausgabe

Erste Auflage 2004

© 2004 by ars vivendi verlag GmbH & Co. KG, Cadolzburg

© Fotografien Walter Vogel

© Texte siehe Textnachweis

www.arsvivendi.com

Alle Rechte vorbehalten

Mit einem Vorwort und Fotografien von Walter Vogel
Rezepte: Petra Teetz
Redaktion: Stefanie Kaiser

Grafische Gestaltung:
Wolfgang Gillitzer, www.gillitzer.net

Umschlaggestaltung:
Wolfgang Gillitzer unter Verwendung eines Fotos von
Walter Vogel: Chef-Cameriere Carmine, *Antico Caffè Greco*, Rom

Lithografie:
Reprostudio Harald Schmidt, Nürnberg

Druck: Passavia Druckservice, Passau

Printed in Germany

ISBN 3-89716-507-4

Inhalt

Vorwort

Un caffè, per favore! – in diesem Bildband geht es um den italienischen *caffè*, den mit zwei f und *accento grave*, der in Deutschland meistens Espresso genannt wird. Ein gelungener *caffè doppio ristretto* ist für mich das Maß aller Dinge – ein doppelter Espresso mit hochprozentiger *crema*, die große Tasse nur halb gefüllt.

Wie von Zauberhand verfliegt die Müdigkeit, schärfen sich die Sinne. Doch der Wunsch, so den Tag zu beginnen, ließ sich, wenn man in Deutschland unterwegs war, oft nur schwer erfüllen. Die italienischen Eiscafés waren häufig der einzige Ausweg – wenn die vor einem Jahrzehnt noch spärlich gesäten Caffè-Topadressen nicht in Reichweite lagen.

Heute ist alles anders. Verwundert reibe ich mir ein ums andere Mal die Augen, wenn ich wieder ganz unverhofft auf eine feine Bar stoße, die erst kürzlich für einen neu entstandenen Liebhaberkreis geöffnet worden ist. Das gilt für Schwerin wie Frankfurt, für Leipzig und Düsseldorf und besonders für die Caffè-Metropolen Berlin oder Wien.

Als ich kürzlich dem *Bazzar-Caffè* in Düsseldorf einen Besuch abstattete, zauberte man mir einen *doppio*, dessen Anblick mich bereits heiter stimmte und der mich beim ersten Schluck in eine himmlische Sphäre des Genusses versetzte. »Ein sortenreiner Kolumbianer, ein *supremo* bester Qualität«, flüsterte man mir zu, »mit einem hohen Anteil ätherischer Öle und Aromastoffe.«

Man muss also nicht mehr ins ferne Italien reisen, um seine Sehnsucht nach dem perfekten *caffè* zu stillen. Die Anzahl der Baristi wächst, die die verschiedenen italienischen Zubereitungsarten wie *corto, lungo, coretto, ristretto, latte, latte macchiato* oder *cappuccino* im Schlaf herunterbeten. Deutschland ist auf den Geschmack gekommen! Pfiffige Barbetreiber haben die Zeichen der Zeit erkannt und sich eine professionelle Espressomaschine nebst Mühle zugelegt.

Doch alle theoretischen Kenntnisse nutzen wenig, wenn der praktische Umgang mit dem Produkt nicht stimmt. Kaffee ist ein empfindliches Gut, das auf seinem Weg von der Pflanzung über die Röstung bis zum Verbrauch an Qualität verlieren kann.

Gelagerter Kaffee reift eben nicht mit der Zeit wie Wein. Im Gegenteil! Soll das volle Aroma erhalten werden, sind kurze Wege unabdingbar. Das gilt bereits für den Transport von der Rösterei in die Bar – eine *torrefazione* an der Peripherie von Rom, die täglich die Caffès der Stadt mit Nachschub versorgt, ist natürlich der Idealfall.

Noch heikler ist der Zeitabstand zwischen dem Mahlen und der Zubereitung: Denn beim Mahlen explodiert das Aroma und steigt uns verführerisch in die Nase – um ebenso rasch zu verfliegen wie ein

Parfüm, dessen Flakon man nicht verschlossen hat.

Um allen Besonderheiten der verschiedenen Zubereitungsarten gerecht zu werden, werden in Italiens stark frequentierten Bars zwei Maschinen verwendet. Für den *lungo, coretto, latte* oder *cappuccino* wird die eine Maschine mit etwas gröberem Mahlgut beschickt – die Tasse füllt sich schneller. Die zweite ist für einen kleineren, umso feineren Kundenkreis in Betrieb, für jene Kaffeeliebhaber, die den »puren« Geschmack bevorzugen und es auf höchsten Aromagenuss abgesehen haben. Dabei wird eine Wartezeit selbstverständlich in Kauf genommen – als eine Zeit der Vorfreude sozusagen, die die Lust noch erhöht. Beobachten wir einen Baristen vor Ort und ordern einen *doppio ristretto*. Er wird das große Sieb nehmen, das Kaffeepulver gut pressen, die Maschine einschalten, dann kurz auf und ab marschieren, um sich die Beine zu vertreten, einen Blick in die Sportzeitung tun oder sich ein Schwätzchen mit Stammkunden erlauben. Häufig genug werde ich unruhig, will schon warnen: »nicht zu lang!« Doch keine Sorge! Diese Könner werden von einer inneren Uhr gesteuert und sie betätigen pünktlich beim Erreichen des richtigen Pegelstandes den Ausschalter. Gemach, gemach, also, ihr Ungeduldigen. Gut Ding braucht Weile.

Je mehr italienisches Lebensgefühl sich bei uns entwickelt, je verlockender einem der Caffè-Duft in die Nase steigt, desto mehr sollte es einen reizen, einmal das Ursprungsland dieser neuen Lust kennen zu lernen – nach Italien, ins gelobte Land des *caffè* zu reisen. Auch ich werde erneut unterwegs sein, meine zur schönen Gewohnheit gewordene Runde absolvieren: Zu Beginn werde ich in einer häufig besuchten *Mini-Bar* in Solcio am Lago Maggiore *buon giorno* sagen, dann vor einem Ausflug nach Genua auf einen frühen *doppio* bei *Fernandos Eckbar* in Pegli vorbeischauen, ein Schlückchen bei *Vescovi* an der turbulenten Piazza Erbe in Padua genießen, im Literaturcaffè *Giubbe Rosse* zu Florenz Zeitung lesend den Vormittag verbringen, bei *Tazza d'Oro* in Rom einem ultimativen *caffè* die Ehre geben. Schließlich werde ich auf dem Rückweg nach Deutschland nach Bergamo alta hochsteigen und auf der Terrasse der *Bar del Tasso* über das Phänomen *caffè* und über Italien, das alte und neue Land der Sehnsucht, philosophieren.

Walter Vogel

Invenzione

Die Erfindung des Caffès

Einzig der Mensch ist wirklicher Lust fähig, denn er ist mit dem Vermögen des

Denkens begabt; er erwartet Lust, er sucht sie, er verschafft sie sich und erinnert sich ihrer, wenn

er sie genossen hat.

Giacomo Casanova

Es sind dies menschliche Laster, mit denen sich
die Leute die Zeit vertreiben, und ich sage:
In diesem Jahrhundert hat niemand ein
besseres Laster erfunden als den Kaffee.

Giacinto Cestoni, 1697

Nur jemand mit einem steinernen

Herzen könnte vermeiden, in selbigem

eine Schwäche für Italien zu hegen.

Peter Ustinov

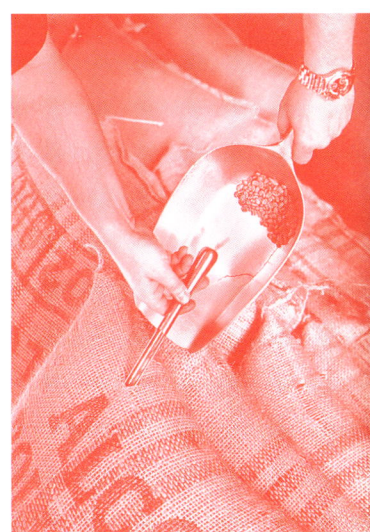

Die Mönche, gegen die im vergangenen Jahrhundert so viel Widerspruch laut wurde, haben einen verdienten Platz in der Geschichte jener Künste, die das leibliche Wohl fördern … auch der Entdecker des Kaffees soll ein Mönch gewesen sein.

In der Mitte des siebzehnten Jahrhunderts führte ein arabischer Hirte seine Ziegen zur Wiese: Am Ende eines Tals, wo das Land sanft zu einem Hügel anstieg, beobachtete er, wie seine Ziegen vor Freude hüpften. Wieder im Stall, hatten sie keinen Schlaf finden können. Nur wenig entfernt erhob sich aus der Landschaft ein Kloster. Der Hirte, besorgt, dass seine Herde erkrankt sein könnte, klopfte an die Pforte des Gotteshauses und wünschte den Klostervorsteher zu sprechen, dem er seine Beobachtungen mitteilte. Der Geistliche begab sich an den bezeichneten Ort und entdeckte dort einen Strauch. Er kostete nur eine geringe Menge von seinen Früchten, die einen herben, sauren Geschmack hatten. In der darauf folgenden Nacht musste er feststellen, dass er kein Auge zu schließen vermochte. Er gab seinen Brüdern von den Früchten zu kosten und alle sangen das Lob Gottes, ohne zu ermüden. Von diesem Moment an handelten die Araber mit Kaffee, den sie vornehmlich an Klöster verkauften.

Il caffè. Almanacco per l'anno 1850

Definizione

Was ist guter Caffè?

Ein gelungener caffè

schmeckt feuriger als Wein,

spritziger als Sekt,

explosiver als Cognac.

Walter Vogel

Gianni hat den Kaffee aufgesetzt und sucht nach einem passenden Gefäß für den Zucker. Ich ahne, was er vorhat, und freue mich darauf. Gianni entscheidet sich für eine normale Kaffeetasse, die nicht zu groß ist und etwas schräge Wände hat. Dann füllt er die Tasse zur Hälfte mit Zucker. Alle schauen erwartungsvoll auf die Kaffeemaschine. Gianni hebt vorsichtig den Deckel: Die hohe Kunst besteht darin, die ersten und damit stärksten Tropfen Kaffee, die im oberen Teil der Kaffeemaschine ankommen, auf den Zucker zu gießen und den Zucker mit dem wenigen Kaffee durch rasches Rühren und Schlagen mit dem Teelöffel zu einem hellbraunen, dickflüssigen Brei zu verbinden, während der restliche Kaffee durchläuft.

»Kaffee läuft!« Die Nachricht gehört zu den Glücksmomenten in meinem Leben. Teetrinker verstehen das nicht. Schon Kaffeegeruch und Kaffeegeruch sind Welten …

Heidi Brang

Drei Dinge gehören

zu einem guten Kaffee:

erstens Kaffee,

zweitens Kaffee

und drittens nochmals Kaffee.

Alexandre Dumas der Ältere

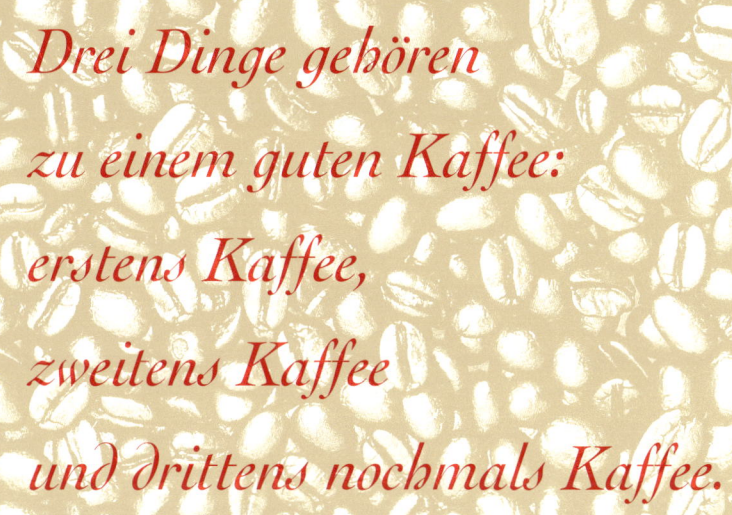

Der Zucker bringt es an den Tag!

Die Art und Weise nämlich, wie er von der cremigen Substanz getragen

und langsam aufgesaugt wird, um mit einem stillen Seufzen zu verschwinden,

erzählt viel von der Qualität des Espressos.

Walter Vogel

Für den Italiener

ist Liebe kein Longdrink,

sondern ein Espresso.

Judith Cosgrave

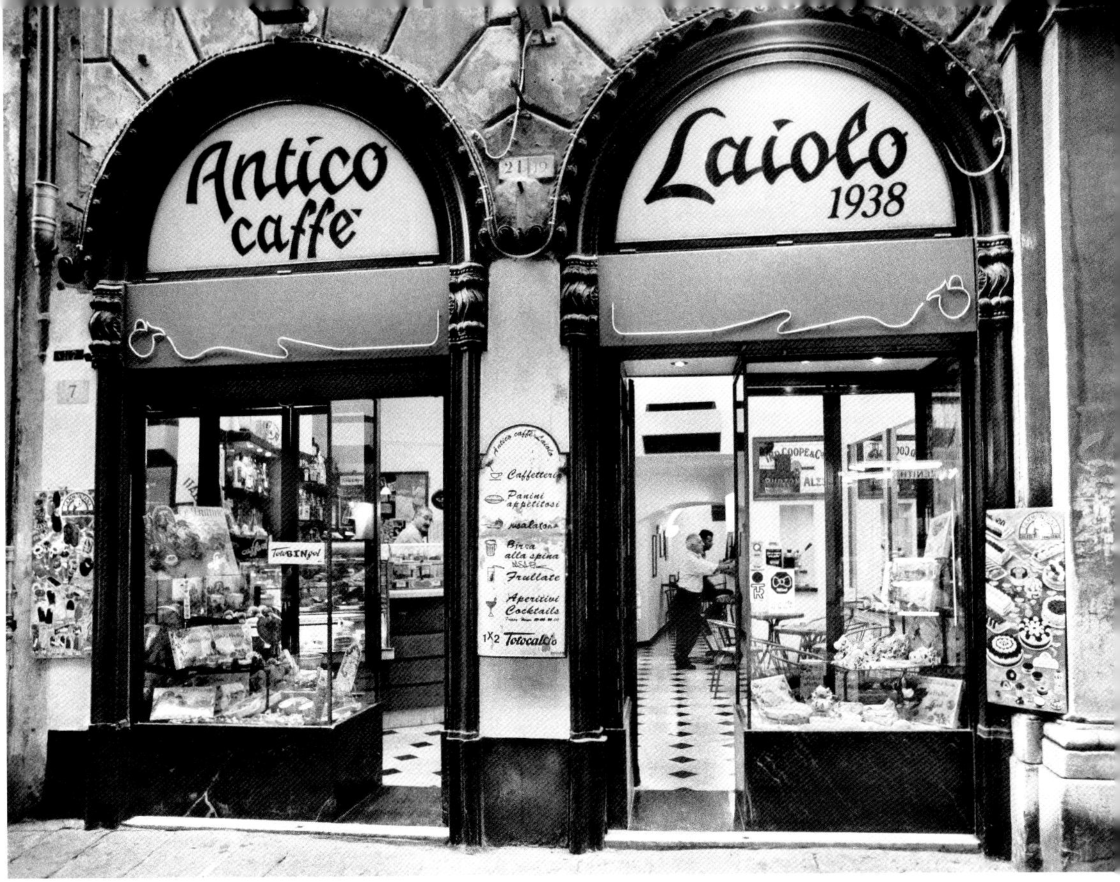
Antico
caffè
Laiolo
1938
Panini appetitosi
Birra alla spina
Frullate
Aperitivi
Cocktails
Totocalcio

BAR PIPPO

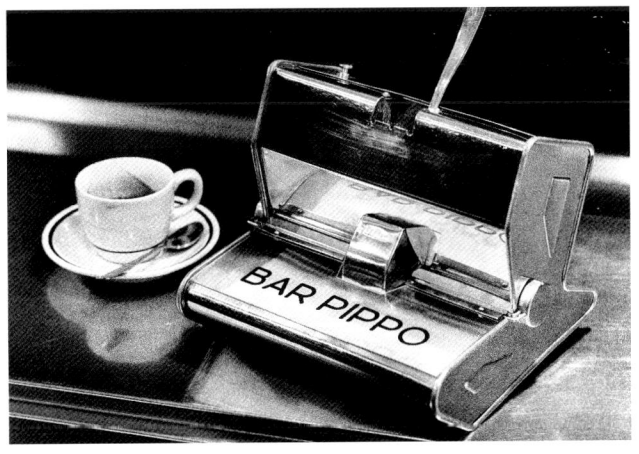

Es gibt verschiedene Arten, einen guten Kaffee zu machen: es gibt den *caffè alla napoletana,* den Espresso, den türkischen Kaffee, den brasilianischen *cafesinho,* den französischen *café filtre,* den amerikanischen Kaffee. Jeder Kaffee ist auf seine Art exzellent … Daneben gibt es den Kaffee als Gesöff. Er besteht in der Regel aus schlecht gewordener Gerste, Totengebein und einigen schlechten Kaffeebohnen, die sich im Abfall einer Fürsorgestelle für Geschlechtskranke gefunden haben. Man erkennt ihn am unverwechselbaren Geruch von in Abwaschwasser gebadeten Füßen. Serviert wird er in Gefängnissen, in Besserungsanstalten, in Schlafwagen und Luxushotels. Tatsächlich kann man zwar, wenn man im *Plaza Majestic,* im *Maria Jolanda & Brabante* oder im *Hôtel des Alpes et des Bains* absteigt, auch einen echten Espresso bestellen, aber er wird einem aufs Zimmer gebracht, wenn er praktisch schon eine Eisschicht hat.

Umberto Eco

Eine Tasse Kaffee ist ein Wunder. Ein aus den feinsten Verhältniszahlen harmonisch zusammengesetztes Wunder, wie ein Klavier-Akkord es ist.

Nicht minder empfindlich als unser Ohr, würden unsere Geschmacksnerven auf das reine Koffein – auf die Formel $C_8 H_{10} N_4 O_2$ – überhaupt nicht reagieren oder mit reizloser Bitterkeit. Erst die Fette und Minerale, die um den Geschmackskern herum lagern, die Äther, Phenol, Furfur-Alkohol, Azeton und Ammoniak und zwanzig kleinere Trabanten bringen das Aroma hervor, den in einer Wellenlinie auf und ab wogenden Geschmack, der »Kaffee« heißt und der uns entzückt.

Es sind die feinsten Verhältniszahlen. Wenn sie nicht gewahrt blieben, gäbe es plumpe Disharmonien, Erbrechen erregende Widerlichkeiten. Jenes Trimethyl-Amin, das beim Wohlgeschmack des Kaffees eine so wichtige Rolle spielt, ist beispielsweise dieselbe Substanz, welche sich vorwiegend bildet, wenn Fische in Fäulnis übergehen. Sie ist also mehr als dissonierend; sie ist sogar vegetabilisches Gift. In den feinen Verhältnismengen, welche aber diese Substanz in die geröstete Bohne entsendet, wirkt sie als Geschmacks-Assonanz.

Alles ist miteinander im Reigen.

Heinrich Eduard Jacob

Sollte dies Kaffee sein,

bringen Sie mir bitte Tee;

sollte dies Tee sein,

bringen Sie mir bitte Kaffee.

Abraham Lincoln

Ein gelungener

caffè fällt leicht

wie eine

Schneeflocke

auf die Zunge.

Walter Vogel

Zwei Dinge

sind im Vatikan

schwer zu bekommen:

Ehrlichkeit

und eine Tasse Kaffee.

Papst Johannes Paul I.

Ostern nahte, und Ostern, das in meinem

Heimatdorf nach Rosmarin roch, roch in Mailand

nach Asphalt, Espresso, Schokolade und Campari.

Giovanni Tittarosa

Preparazione

Die Zubereitung

Espresso Grundrezept

7 g frisch gemahlener Espresso
ca. 25 ml frisches Wasser

Espressokanne: Das Wasser in das Unterteil füllen, dabei das Ventil nicht bedecken. Den Siebtäger einsetzen, das Kaffeemehl gleichmäßig darin verteilen und glatt streichen. Den Rand abwischen und das Oberteil aufschrauben. Die Kanne auf dem Herd erhitzen, bis der Espresso aus dem Steigrohr tropft. Umrühren und in vorgewärmten Tassen servieren.
Siebträgermaschine: Maschine und Brühgruppe vorwärmen. Das Kaffeemehl gleichmäßig im Siebträger verteilen und festdrücken. Den Rand abwischen und den Siebträger in die Maschine einsetzen. Das Kaffeepulver mit 92–95 Grad heißem Wasser und einem Druck von etwa 9 Bar 25–30 Sekunden überbrühen. Der Espresso soll in einem gleichmäßigen, dünnen Strahl in eine vorgewärmte Tasse laufen.
Voll- oder Halbautomat: Das gewünschte Produkt (Espresso, Doppio oder Lungo) wählen und den Espresso in eine vorgewärmte Tasse laufen lassen. Für 1 Person.

Tipp:
Frisch gemahlener Kaffee, gutes, frisches Wasser, Sauberkeit und Sorgfalt – das sind die Voraussetzungen für guten Espresso, egal, ob er in einer einfachen Schraubkanne oder in einer supermodernen Espressomaschine zubereitet wird. Ein Qualitätsmerkmal des Espresso ist die Crema, das etwa 3 mm dicke Cremehäubchen. Die perfekte Crema ist haselnussbraun, dicht und feinporig. Sie bewahrt das Aroma und trägt den Zucker wenige Sekunden. Nach dem Umrühren schließt sich die ideale Crema wieder. Servieren Sie Espresso immer in vorgewärmten, dickwandigen Porzellantassen.

Varianten:
Für einen Ristretto oder Corto brüht man das Kaffeepulver nur mit 10–15 ml Wasser auf, für einen Lungo mit 40 ml Wasser. Beim Doppio werden alle Zutaten verdoppelt und der Siebträger mit zwei Ausläufen benutzt.

Cappuccino (Kleiner Kapuziner)

75 ml Milch
1 Espresso

Die Milch mit der Dampfdüse der Espressomaschine oder dem Milchaufschäumer bei etwa 60 Grad feinporig aufschäumen. Sie darf auf keinen Fall kochen, sonst fällt der Schaum schnell wieder zusammen. Den Espresso zubereiten und in eine große Tasse laufen lassen. Den Milchschaum zügig aufgießen. Für 1 Person.

Tipp:
Der ideale Cappuccino besteht aus 1/3 Espresso, 1/3 heißer Milch und 1/3 Milchschaum. Was den Fettgehalt der Milch betrifft, scheiden sich die Geister. Die einen verwenden nur fettarme Milch, die anderen Vollmilch. Probieren Sie einfach aus, was Ihnen besser schmeckt und gelingt. Achten Sie jedoch darauf, dass die Milch homogenisiert ist. Bei diesem Schritt der Milchbearbeitung werden die Fettpartikel zerkleinert und gleichmäßig in der Milch verteilt. Resultat: Die Milch lässt sich leichter schäumen. Der Cappuccino wurde nach dem cappuccio, der Kapuze des braunen Ordensgewands der Kapuzinermönche, benannt. Man trinkt Cappuccino in Italien am liebsten zum Frühstück oder auch mal zwischendurch. Er passt perfekt zu süßem Gebäck.

Caffè latte

1 Espresso
200 ml Milch

Den Espresso zubereiten und in eine Milchkaffeetasse laufen lassen. Die Milch erhitzen (nicht schäumen!) und zum Espresso gießen. Für 1 Person.

Tipp:
Caffè latte können Sie ganz nach Geschmack auch mit einem Doppio oder einem Lungo zubereiten.

Latte macchiato
(Gefleckte Milch)

200 ml Milch
1 Espresso

Die Milch mit der Dampfdüse der
Espressomaschine oder dem
Milchaufschäumer leicht aufschäumen.
In ein hohes Glas füllen. Den Espresso
zubereiten und vorsichtig am Glasrand
entlang in den Milchschaum laufen lassen.
Für 1 Person.

Tipp:
Bei dem perfekten Latte macchiato ist
der Espresso heißer als der Milchschaum.
Wegen ihres unterschiedlichen spezifi-
schen Gewichts trennen sich Milch,
Milchschaum und Espresso im Glas.
Ein dreifarbiges Getränk entsteht. Die
Italiener genießen ihren Latte macchiato
gerne zum Frühstück oder in Pausen.
Wer Hunger hat, isst dazu ein Panino
oder Tramezzino.

Variante:
Beim Espresso macchiato gibt man einen
Schuss heiße, geschäumte Milch auf einen
Espresso. Der »Kleine Gefleckte« wird
in einer Espressotasse oder einem Glas
serviert.

Effetto

Was Caffè bewirkt

Die Welt gehört dem, der sie genießt.

Giacomo Leopardi

Die Türken haben ein Getränk von schwarzer Farbe. Während des Sommers trinken sie es als sehr erfrischend, während es im Winter erhitzt: ohne seinen Grundstoff zu ändern, bleibt es stets dasselbe Getränk. Man trinkt es sehr heiß, durch Feuer passiert, und man trinkt es in langen Zügen, nicht während der Mahlzeiten (weil dieses Trinken das Weiteressen behindern würde), sondern nachher wie irgendein Nasch-werk. Es dient der Gesell-schaft und Unterhaltung, und man sieht wenig Zusammen-künfte von Freunden, wo man es nicht trinkt. Sie nennen dieses Getränk »Cahne«; es ist das Erzeugnis eines Baums, der in Arabien bei Mekka wächst.

Pietro della Valle, 1614

Die beste Methode, das Leben angenehm
zu verbringen, ist, guten Kaffee zu trinken.
Wenn man keinen haben kann, so soll man
versuchen, so heiter und gelassen zu sein,
als hätte man guten Kaffee getrunken.

Jonathan Swift

Der Kaffee beflügelt die Seele und belebt den Verstand, bei einigen hat er verdauungsfördernde Wirkung. Bei vielen hält er den Schlaf fern, deshalb ist er besonders für jene Personen von großem Nutzen, die sich wenig bewegen und die sich den Wissenschaften widmen. Man verglich ihn mit dem von Homer so gerühmten Nepenthes und berichtet von Fällen, in denen mit Kaffee Fieber gesenkt und Gift, welches das Blut gerinnen ließ, neutralisiert wurde; es ist eine Tatsache, dass dieses Getränk ein lösliches Salz in die Blutbahn abgibt, das den Blutfluss beschleunigt, das Blut reinigt, verdünnt und es in gewisser Weise belebt.

Pietro Verri

Daß er die Fruchtbarkeit verhindern

  Die Zeugungskraft vertilgen soll,

  ist auch ganz falsch …

  Caffee heist Kraft, und giebt auch Kräfte,

  Er strenget Nerv- und Sehnen an,

  Daß er das ehliche Geschäffte

  Mehr fördern, als verhindern kann;

  Sein Oel und Salz reizt zu der Liebe,

  Sein Mehl ernährt die Zeugungstriebe.

  Daniel Wilhelm Triller, 1747

Eine junge persische Königin erfreute sich eines Tages am Anblick einiger Araberpferde, als ein Schmied sie mit bewundernswerter Geschicklichkeit ihrer männlichen Attribute beraubte. Sie erkundigte sich nach dem Zweck einer solchen Operation und ein Höfling erklärte ihr mit allem gebotenen Anstand den Grund dafür. »Welche Qualen man den armen Tieren zumutet!«, rief die Königin aus. »Genügte es doch, ihnen Kaffee zu verabreichen; denn der König trinkt ja auch Kaffee und bei ihm ist keine Operation nötig.«

Il caffè. Almanacco per l'anno 1830

Nach einem guten

       Kaffee verzeiht man

sogar den Eltern.

Oscar Wilde

»Wenn ich Kaffee trinke, kann ich nicht schlafen!«

Bei mir ist es genau umgekehr

Wenn Kaffee in der Tasse zieht, gibt er den Duft von Moschus ab und nimmt die Farbe der Tinte an. Niemand kann die Wahrheit erkennen, bis er die schäumende Wohltat genossen. Die, die ihn verdammen, weil er den Menschen Schaden zufüge, sind Narren in den Augen Gottes.

Kaffee ist das Gold des gewöhnlichen Mannes, und wie Gold verleiht er jedem das Gefühl von Wohlleben und Adel. Von reiner, sanfter Milch unterscheidet ihn nur Geschmack und Farbe.

Nimm Dir Zeit bei der Bereitung des Kaffees, und Gott wird mit dir sein und dich und deine Tafel segnen. Wo Kaffee gereicht wird, herrscht Gnade und Glanz und Freundschaft und Glück.

Scheich Ansari Djezeri Hanball Abd al-Kadir, 1511

Wenn ich schlafe, kann ich keinen Kaffee trinken.«
Das habe ich herausgefunden,
nachdem ich starken Kaffee getrunken hatte.

Ludwig Wittgenstein

Kaffee und Wein! Das ist Wachen und Schlaf! Denn das Endergebnis des Weines ist Schlaf wie das Endergebnis des Kaffees ein gesteigertes Wachsein ist.

Der Gegensatz zum Rausch ist eben nicht, wie Nietzsche glaubte, der Traum, sondern die Wachheit. Sie aus der Bohne des Kaffees destilliert zu haben, sie zum magischen Getränk einer kommenden Welt gemacht zu haben, war die Sendung der Araber. Die Söhne Mohammeds waren die Ersten, die den entscheidenden Gedanken gegen den Schlaf zu denken wagten: Wer die Hälfte des Lebens schläft, der lebt auch nur die Hälfte des Lebens.

Heinrich Eduard Jacob

Das wichtigste

Schreibmaterial

ist der Kaffee.

Eugen Roth

Schon der Duft belebt! Gierig wird die gold-

braune Flüssigkeit durch die Zähne gesaugt.

Es zischt geradezu auf der trockenen Zunge.

Der Rest explodiert am Gaumen. Kaskaden

umspülen die Gurgel, jagen als Sturzbäche den

Schlund hinunter, um in Sekundenschnelle den

Magen aufzuheizen. Ein wohliges wärmendes

Gefühl verbreitet sich, und gleich einer

Injektion schießt ein Stoß durch das Blut, das

den müden Körper mit neuen Energien versorgt.

Walter Vogel

Palmström legt des Nachts sein Chronometer,

um sein lästig Ticken nicht zu hören,

in ein Glas mit Opium oder Äther.

Morgens ist die Uhr dann ganz »herunter«.

Ihren Geist von neuem zu beschwören,

wäscht er sie mit schwarzem Mokka munter.

Christian Morgenstern

Der Kaffee gleitet wie Öl in den Magen und weckt alle Lebensgeister. Er lässt die

Gedanken wie Bataillone aufmarschieren, schickt das Gedächtnis in die vorderste Linie.

Ohne Kaffee könnte ich nicht arbeiten. Ohne Kaffee könnte ich nicht leben.

Honoré de Balzac

»Wie?«, sagte Karl, »Sie sind bei Tag Verkäufer und in der Nacht studieren Sie?«

»Ja«, sagte der Student, »es geht nicht anders. Ich habe schon alles Mögliche versucht, aber diese Lebensweise ist noch die beste. Vor Jahren war ich nur Student, bei Tag und Nacht, wissen Sie, nur bin ich dabei fast verhungert, habe in einer schmutzigen alten Höhle geschlafen und wagte mich in meinem damaligen Anzug nicht in die Hörsäle. Aber das ist vorüber.«

»Aber wann schlafen Sie?«, fragte Karl und sah den Studenten verwundert an.

»Ja, schlafen!«, sagte der Student. »Schlafen werde ich, wenn ich mit meinem Studium fertig bin. Vorläufig trinke ich schwarzen Kaffee.«

Franz Kafka

Kaffee ist wie Kredit:

Bei der Aufnahme bereitet er Genuss,

aber in der Nacht raubt er den Schlaf.

Ron Kritzfeld

Kaffee macht die Politiker weise,

dass klar sie sehn,

was schwarz verhüllt die Nacht.

Alexander Pope

Cultura di caffè

Caffè-Kultur

Was kannst du genießen,

wenn du allein genießest?

Jean-Jacques Rousseau

Es gibt Kaffeehäuser für alle,

an allen Orten

und für jeden Augenblick des Tages.

Michel Vernes

RIDOLFO Nun geht aber Kaffee rösten, damit wir eine frische Kanne brauen können.

TRAPPOLA Soll ich auch übrig gebliebenen von gestern dazutun?

RIDOLFO Nein. Macht ihn gut.

TRAPPOLA Lieber Padrone, ich hab ein schwaches Gedächtnis. Wann habt Ihr eigentlich das Lokal eröffnet?

RIDOLFO Das wisst Ihr doch. Vor acht Monaten etwa.

TRAPPOLA Höchste Zeit, neue Sitten einzuführen.

RIDOLFO Was soll das heißen?

TRAPPOLA Macht man ein Lokal neu auf, dann braut man einen tadellosen Kaffee. Spätestens nach sechs Monaten aber: heißes Wasser und dünne Brühe.

Carlo Goldoni

Obschon die Tugend der Gast-
freundschaft nicht mehr so weit verbreitet
ist wie in den alten Zeiten, ist es schön, sie
im eigenen Land noch anzutreffen, und
wer sie gewährt, ist größten Lobes wür-
dig. Als einen Ort, wo sie im Augenblick
erblüht, sehe ich die *bottega* an, die sich all
jenen öffnet, die den Unannehmlichkeiten
ihres Heims und den Sorgen über ihre
Angelegenheiten entfliehen und sich dort
einfinden, um sich zu erquicken. Ich
möchte auch nicht gelten lassen, dass man
viel Geld ausgibt, denn das alles ist nur
Kleingeld und keiner ruiniert sich, es sei
denn, er trinkt und speist dort täglich; wer
aber bescheiden ist, kennt die Vorzüge
eines solch liberalen Hauses. Wegen der
großzügigen Freundlichkeit, mit der dort
jeder anstandslos willkommen geheißen
wird und seine Zeit dort verbringen darf,
ohne dass sich andere gestört fühlten,
kann man behaupten, dass die Gast-
freundschaft der Cafetiers nicht gering sei.
Kein rechtschaffener Mann, der eine
bottega über sechs Monate hinweg be-
sucht, wird mit derselben Geisteshaltung
in die Welt hinausgehen, mit der er kam.
Die Geographie und die Geschichte sind
die ersten Disziplinen, deren profunder
Kenner er wird. Er wird Wissenswertes
über die Gebräuche jedweder Völker und
Nationen der Welt erfahren wie auch über
die Kriegskunst – Belagerungen,
Schlachten, Märsche und Rückzüge.

Gasparo Gozzi, 1761

Was ist ein Kaffeehausliterat?
Ein Mensch, der Zeit hat,
im Kaffeehaus darüber nachzudenken,
was die andern draußen nicht erleben.

Anton Kuh

Nicht mein Haus: Ich habe kein Haus. Nicht der Marktplatz: Der Marktplatz gehört den Scharlatanen und den übrigen Sozialisten. Nicht das Land: Zwischen blühenden Mandel- und Pfirsichbäumen bin ich nicht Geschöpf, bin ich nicht Schöpfer. Aber mein Kaffeehaus, aber mein Eckchen im dritten Raum meines Kaffeehauses: Hier habe ich mein Nest, hier bin ich zu Hause, hier ist meine feste Burg. Hier kann mich kein Gott erniedrigen, hier ist alles menschlich, das elektrische Licht und die wohlige Wärme der Heizung und die leichte Brise des Ventilators und die Schönheit der rechteckigen und runden Tische. Hier kommt die Sonne bescheiden herein, ein Strich am Boden, und bringt meine Schuhe zum Glänzen. Hier macht der Staub die Pflanzen schwindsüchtig und lässt meine Lungen in Ruhe. Hier beugen sich alle Elemente, hier diene ich nicht und bete ich nicht an, hier bin ich nicht Teil oder einer von vielen, hier werde ich nicht versetzt, hier, am Altar meines Tischchens im Thronsaal meines Eckchens.

Italo Tavolato

Es gibt da eine Generation – meine Generation –, die das Kaffeehaus noch als eine Filiale des Arbeitszimmers auffasste. Und tatsächlich haben wir dort Jahre unseres Lebens verbracht, in den Kaffeehäusern, bald in diesem, bald in jenem, je nach den Umständen und Launen; wir haben dort Ideen diskutiert und Programme entworfen, gestritten und sind bisweilen um der Kunst willen handgreiflich geworden. Und es war eben in den Kaffeehäusern, wo die Samen neuer Initiativen und künstlerischer Bewegungen ausgestreut wurden und keimten, die zu einer totalen Erneuerung des künstlerischen Geschmacks in Italien geführt haben.

Carlo Carrà, 1962

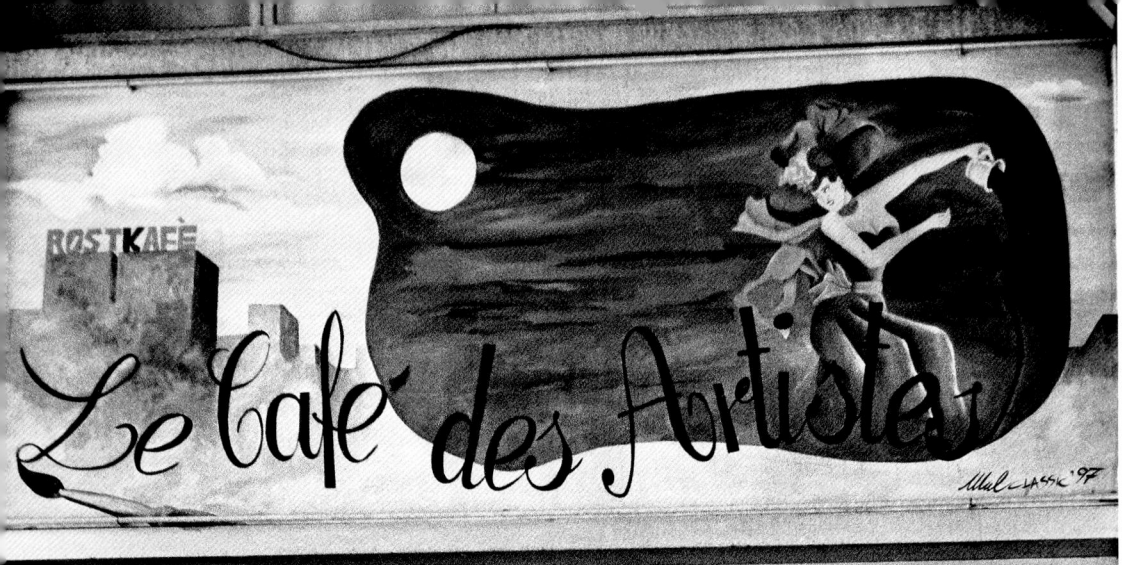

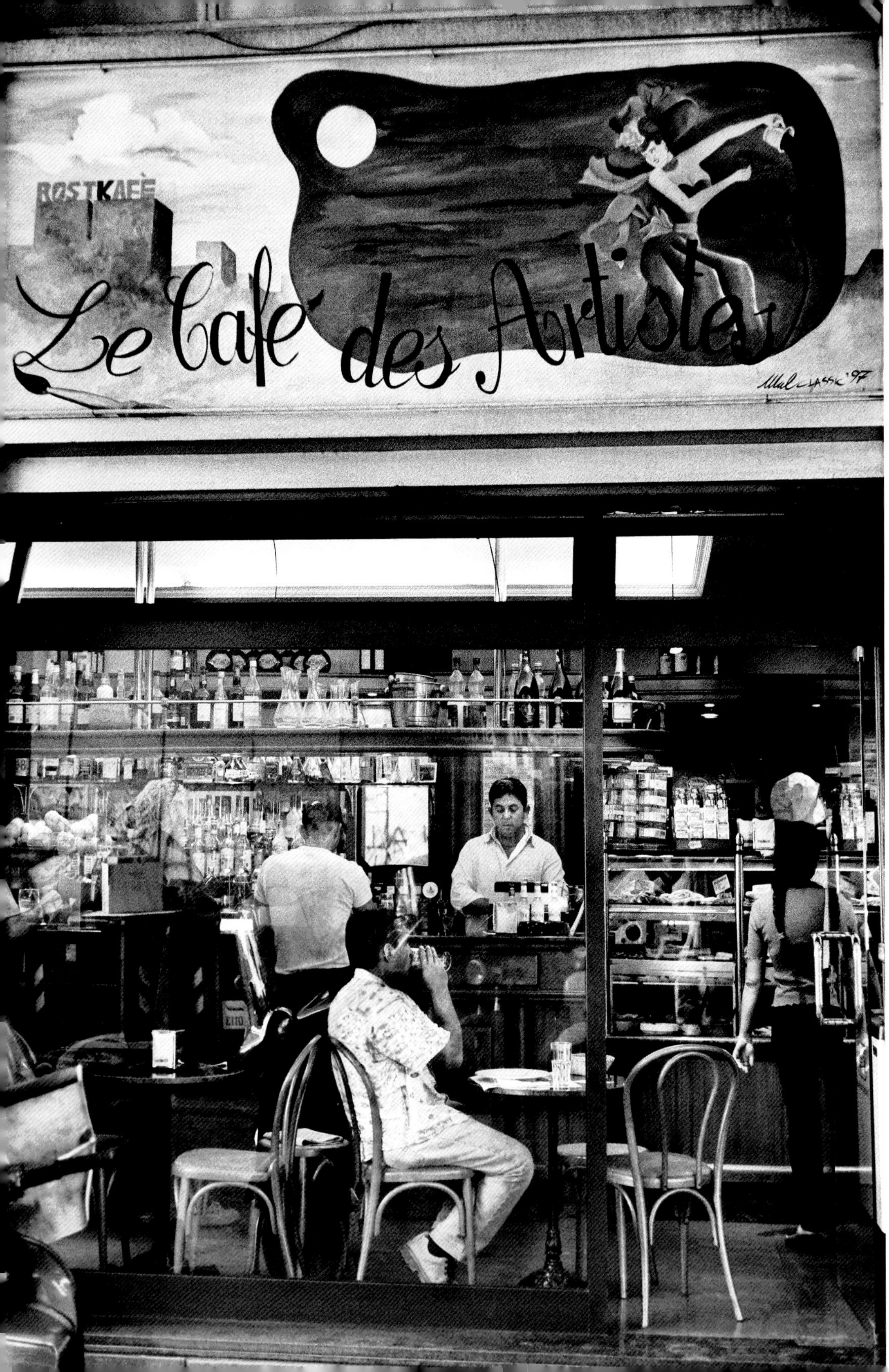

RØSTKAFÈ
Le Café des Artistes

Kaffeehaus

Du hast Sorgen, sei es diese, sei es jene – ins Kaffeehaus!

Sie kann, aus irgendeinem, wenn auch noch so plausiblen Grunde, nicht zu dir kommen – ins Kaffeehaus!

Du hast zerissene Stiefel – Kaffeehaus!

Du hast 400 Kronen Gehalt und gibst 500 aus – Kaffeehaus!

Du bist korrekt sparsam und gönnst dir nichts – Kaffeehaus!

Du findest keine, die dir passt – Kaffeehaus!

Du stehst innerlich vor dem Selbstmord – Kaffeehaus!

Du hasst und verachtest die Menschen und kannst sie dennoch nicht missen – Kaffeehaus!

Man kreditiert dir nirgends mehr – Kaffeehaus!

Peter Altenberg

Es ist unmöglich, uns Neapolitanern das kleine Vergnügen zu nehmen, draußen am Balkon zu stehen. Ich, zum Beispiel, könnte auf alles verzichten, aber nicht auf jenes Tässchen Kaffee, das ich nach meinem Stündchen Mittagsschlaf hier draußen genieße. Und diesen Kaffee muss ich selbst zubereiten, mit meinen eigenen Händen. Dies ist eine Macchinetta für vier Tassen, aber der Kaffee reicht für beinahe sechs, und wenn die Tassen sehr klein sind, sogar für acht; für Freunde …

Sie müssen schon entschuldigen, aber wer könnte mir den Kaffe so zubereiten, wie ich es tue, mit derselben Liebe, derselben Sorgfalt. Da ich mich selbst bediene, achte ich auf jeden meiner geübten Handgriffe und vernachlässige kein Detail … Das ist ein großes Vergnügen. Allerdings darf man sich nicht aufregen, wenn einem aus einem blöden Zufall der obere Teil auskommen sollte und sich mit dem Kaffeesatz von unten vermischt … was dabei herauskommt, ist eine Schweinerei. Aber da ich ihn selbst zubereitet habe, kann ich – sollte ein solches Missgeschick passieren – keinem anderen die Schuld geben. In diesem Fall versuche ich, mich selbst davon zu überzeugen, dass der Kaffee dennoch gut sei, und trinke ihn trotzdem. Professore, darf ich Ihnen ein Tässchen anbieten? … Donnerwetter, wenn das kein Kaffee ist.

Eduardo di Filippo

Das Continental Breakfast besteht aus zwei Brötchen, einem Croissant, einem Orangensaft in homöopathischen Dosen, einem Butterröllchen, drei Schälchen mit Honig, Heidelbeer- und Aprikosenmarmelade, einer Kanne kalt gewordener Milch, einer Rechnung über hundertfünfzig Mark und einer vermaledeiten Kaffeekanne mit Kaffee-Gesöff. Die von normalen Leuten verwendeten Kannen – oder auch die guten alten Espressokannen, aus denen man sich das duftende Getränk direkt in die Tasse gießt – erlauben den Austritt der Flüssigkeit durch eine feine schnabelförmige Tülle, während der Deckel irgendeine Sicherheitsvorrichtung hat, die ihn geschlossen hält. Das Gesöff, das man im Grand Hotel und im Schlafwagen kriegt, kommt in einer Kanne mit breitem Schnabel – breit wie der eines aus der Art geschlagenen Pelikans – und extrem beweglichem Deckel, der extra so gestaltet ist, dass er, getrieben von einem ununterdrückbaren Horror vacui, automatisch herunterfällt, wenn die Kanne geneigt wird. Dank dieser beiden Vorrichtungen kann die vermaledeite Kaffeekanne sofort ihren halben Inhalt über die Croissants und Marmeladen ergießen und anschließend, wenn der Deckel herunterfällt, den Rest auf die Tischdecke ausschütten …

Über Herkunft und Zweck der vermaledeiten Kaffeekanne gibt es zwei Denkschulen. Die Freiburger Schule lehrt, das Gerät erlaube den Hotels zu beweisen, dass die Tischdecken, die man abends vorfindet, seit dem Morgen gewechselt worden sind. Der Schule von Bratislawa zufolge ist der Zweck ein moralischer (vgl. Max Weber, »Die protestantische Ethik und der Geist des Kapitalismus«): Die vermaledeite Kaffeekanne halte davon ab, morgens lange im Bett zu verweilen, da es sehr unangenehm sei, zwischen kaffeegetränkten Laken liegend ein schon in Kaffee getunktes Hörnchen zu essen.

Umberto Eco

Lebenskunst ist nicht zuletzt die Fähigkeit, auf etwas Notwendiges

zu verzichten, um sich etwas Überflüssiges zu leisten.

Vittorio de Sica

Ein Wunderwerk der Technik! Launisch wie eine Diva, will die Espresso- maschine gehätschelt, von sachkundigen Händen gehegt und gepflegt sein, um gnädigerweise die gewünschte Leistung zu erbringen. Ein normaler *caffè* gerät näm- lich auch in Italien so unterschiedlich, wie es Bars in diesem gelobten Land gibt. Spitzenqualität, ein *caffè* mit fünf Sternen sozusagen, ist rar genug, und auf einer zweiwöchigen Reise hat man sich damit zu begnügen, vielleicht vier- oder fünfmal auf den absoluten Genuss zu kommen.

Umso groteskere Züge nimmt die Jagd nach einem solchen Erlebnis an. Nichts ist deprimierender als mittelmä- ßiger *caffè*, dessen fade, schwarze Brühe an das heimatliche Getränk erinnert. Ein Streifzug durch die morgendlichen Gassen der Altstadt von Padua, mit der Nase voran, selektiert zunächst und bewahrt vor groben Enttäuschungen. Wie ein Spürhund, der die Fährte aufnimmt, schnuppert und schnüffelt das bereits trainierte Riechorgan. Wie auf ein geheimes Zeichen strafft sich die gebeugte Gestalt, belebt sich ihr schleppender Gang. Geradezu obszön sticht der Geruch frisch gebrannten *caffès* in die Nase. Vor Zanellato in der Via dei Fabbri hat sich eine Duftwolke ungewöhnlicher Qualität versammelt, betäubend und verführerisch zugleich. Nicht nur aus der Tür, aus allen Ritzen und Fugen tanzen die Kaffee- teufelchen.

Walter Vogel

Con il caffè

Zum Caffè

Amarettini

(Mandelmakronen)

200 g Mandeln
2 Eiweiß
100 g Zucker
1 TL Bittermandelaroma
100 g Puderzucker

Die Hälfte der Mandeln blanchieren, abziehen, auf einem Küchentuch ausbreiten und trocknen lassen. Alle Mandeln (geschälte und ungeschälte) fein mahlen.

Den Backofen auf 160 Grad vorheizen. Das Eiweiß zu steifem Schnee schlagen. Dann langsam den Zucker einrieseln lassen. Das Bittermandelaroma zugeben. Mandelmehl und Puderzucker gut vermischen und behutsam unter den Eischnee heben.

Die Mandelmasse in einen Spritzbeutel mit großer Lochtülle füllen. Auf ein mit Backpapier belegtes Blech haselnussgroße Mengen spritzen. Diese im heißen Backofen etwa 15 Minuten goldbraun backen. Herausnehmen, auf ein Kuchengitter setzen und abkühlen lassen. Ergibt etwa 70 Stück.

Tipp: Die bittersüßen Amarettini passen perfekt zu Espresso.

Cantuccini
(Mandelzwieback)

200 g Mandeln
250 g Mehl
180 g Zucker
1 TL Backpulver
2 Päckchen Vanillezucker
1/2 Fläschchen Bittermandelaroma
etwas Salz
25 g weiche Butter
2 Eier

Die Mandeln blanchieren, abziehen, auf einem Küchentuch ausbreiten und über Nacht trocknen lassen.

Mehl, Zucker, Backpulver, Vanillezucker, Bittermandelaroma und Salz in einer großen Schüssel mischen. In die Mitte eine Mulde drücken, Butter und Eier hineingeben. Alles zu einem Teig verkneten, zuletzt die Mandeln einarbeiten. Den Teig zu einer Kugel formen und mit etwas Mehl bestäuben. In Klarsichtfolie hüllen und 2 Stunden kalt stellen.

Den Backofen auf 200 Grad vorheizen. Den Teig in sechs Portionen teilen und auf der bemehlten Arbeitsfläche zu 25 cm langen Rollen formen. Diese mit ausreichend Abstand auf zwei mit Backpapier belegte Bleche setzen. Im heißen Backofen 10–15 Minuten backen. Dann herausnehmen, etwas abkühlen lassen und schräg in 1 cm dicke Streifen schneiden. Mit der Schnittfläche auf das Backblech legen und nochmals 8–10 Minuten bei 200 Grad goldgelb rösten. Ergibt etwa 100 Stück.

Tipp: In einer gut schließenden Blechdose ist dieses Gebäck mehrere Wochen haltbar. Cantuccini können Sie auch gut für ein Tiramisu (Seite 122) verwenden. Sie werden nicht so leicht matschig wie Löffelbiskuits und geben dem Dessert durch die Mandelstückchen etwas »Biss«.

Buranelli (Venezianische Teigkringel)

250 g Mehl
1/2 Päckchen Trockenhefe
50 g Zucker
100 ml Milch
100 g Butter
1 Ei
Prise Salz

Das Mehl in eine Schüssel sieben, mit Hefe und Zucker vermischen. In die Mitte eine Mulde drücken. Die Milch erwärmen und 50 g Butter darin schmelzen lassen. Die Milch in die Mulde gießen, Ei und Salz zufügen und alles zu einem glatten Teig verkneten. Der Teig soll nicht mehr kleben und sich vom Schüsselrand lösen. Bei Bedarf noch etwas Mehl einarbeiten. Den fertigen Teig in der Schüssel zu einer Kugel formen und mit etwas Mehl bestäuben. Die Schüssel mit einem Küchentuch bedecken und den Teig an einem warmen Ort 3–4 Stunden gehen lassen.

Den Teig anschließend durchkneten und in 16 Portionen teilen. Diese auf der bemehlten Arbeitsfläche zu fingerdicken Rollen von etwa 20 cm Länge formen. Die Rollen zu einem Kreis legen und die Enden zusammendrücken. Die Teigkringel auf ein mit Backpapier belegtes Blech setzen, mit einem Tuch bedecken und nochmals 30 Minuten gehen lassen. Den Backofen auf 160 Grad vorheizen.

Die Teigkringel im heißen Backofen 20 Minuten backen. Herausnehmen und abkühlen lassen. Die restliche Butter schmelzen und die Kringel damit bestreichen. Die Buranelli wieder in den Ofen schieben und noch 5 Minuten bräunen. Auf dem Blech ganz auskühlen lassen. Ergibt 16 Stück.

Tipp: Dieses Gebäck ist eine Spezialität der venezianischen Insel Burano. In Venedig werden sie gerne zum Frühstück gegessen. Dazu gehört ein Espresso. Den Teig können Sie schon am Vorabend zubereiten. Die frisch gebackenen Buranelli werden dann umso feinporiger.

Torta di mele (Genueser Apfelkuchen)

100 g Butter
700 g Äpfel (Golden Delicious)
4 Eier
150 g feiner Zucker
150 g Mehl
1 TL Backpulver
Prise Salz
6 EL Milch
abgeriebene Schale von 1 Zitrone
Fett und Semmelbrösel für die Form
Puderzucker zum Bestäuben

Die Butter schmelzen und wieder abkühlen lassen. Die Äpfel schälen, halbieren, vom Kerngehäuse befreien und in dünne Scheiben schneiden. Den Backofen auf 180 Grad vorheizen.

Eier und Zucker mit dem Handrührgerät schaumig schlagen, bis eine dicke, hellgelbe Creme entsteht. Mehl, Backpulver und Salz mischen und sieben. Die Hälfte dieser Mischung vorsichtig mit dem Schneebesen unter den Eischaum ziehen. Jetzt langsam die zerlassene Butter am Rand zugeben und behutsam unterheben. Dabei nicht zu heftig rühren, sonst fällt die Masse zusammen. Die restliche Mehlmischung unterziehen, dann Milch und Zitronenschale einarbeiten. Zuletzt die Äpfel unterheben.

Den Teig in eine gefettete und bemehlte Springform (23 cm Durchmesser) füllen und im heißen Backofen etwa 40 Minuten backen. Den fertigen Kuchen noch etwa 5 Minuten in der Form lassen, dann auf ein Kuchengitter heben und auskühlen lassen. Kurz vor dem Servieren mit Puderzucker bestäuben.
Für 8 Personen.

Tipp: Diesen luftigen Apfelkuchen gibt's in Genua schon zum Frühstück. Mit halbsteif geschlagener Sahne schmeckt er auch als Dessert.

Profiteroles (Windbeutel)

Für den Teig:
200 ml Wasser
120 g Butter
Prise Salz
1 Vanilleschote
150 g Mehl
1 Päckchen Vanillezucker
6 Eier
Für die Füllung:
500 ml Sahne
3 EL Puderzucker
1 Päckchen Vanillezucker
Für die Glasur:
200 g Bitterschokolade, gehackt
100 ml Wasser

Den Backofen auf 190 Grad vorheizen. Wasser, Butter, Salz und Vanilleschote zum Kochen bringen. Die Vanilleschote entfernen. Das Mehl auf ein Mal unter Rühren zufügen. Bei schwacher Hitze so lange rühren, bis sich der Teig vom Topfboden löst. Den Topf vom Herd nehmen und den Teig etwas abkühlen lassen. Den Vanillezucker und nacheinander die Eier unterrühren.

Mit einem Spritzbeutel oder mit zwei Teelöffeln walnussgroße Häufchen auf ein mit Backpapier belegtes Blech setzen. Im heißen Backofen 20–25 Minuten backen, bis sie aufgehen und goldbraun sind. Die Windbeutel im abgeschalteten Ofen noch 5 Minuten ruhen lassen, damit sie innen gut austrocknen. Anschließend zum Abkühlen auf ein Kuchengitter legen.

Für die Füllung Sahne, Puderzucker und Vanillezucker steif schlagen. In einen Spritzbeutel mit Lochtülle füllen. Die Profiteroles mit der Tülle einstechen und die Sahne einspritzen. Die gefüllten Windbeutel auf einem Teller zu einer Pyramide stapeln.

Zuletzt die Schokolade mit dem Wasser über dem heißen Wasserbad schmelzen und die Profiteroles damit übergießen. Abkühlen lassen und servieren. Für 4 Personen.

Tipp: Genießen Sie zu diesem wunderbaren Dessert einen Cappuccino.

Espressobohnen im Schokomantel

100 g Vollmilchschokolade, in Stücken
50 g Espressobohnen
2 EL Kakaopulver

Die Vollmilchschokolade über dem heißen
Wasserbad schmelzen. Die Espressobohnen mit
einer Gabel vorsichtig unter die Schokolade
ziehen, herausheben und mit genügend Abstand
auf Backpapier legen. Die Schokolade um die
Bohnen zu kleinen Kugeln formen, sobald sie
fester wird. Die noch warmen Kugeln mit
Kakaopulver bestäuben und abkühlen lassen.
Für 4 Personen.

Salame al cioccolato
(Schokoladenkonfekt)

50 g Mandelstifte
20 Butterkekse
225 g Zartbitterschokolade, in Stücken
175 g Butter, in Stücken
3 EL Mandellikör oder Weinbrand
1 Eigelb
25 g gemahlene Mandeln
1/2 TL Butter

Die Mandelstifte in einer Pfanne ohne Fett unter Rühren gleichmäßig anrösten. Anschließend sehr fein mahlen. Die Kekse in einer Schüssel grob zerstoßen, 3 Esslöffel Brösel beiseite stellen.

Schokolade, Butter und Likör im Wasserbad langsam schmelzen lassen. Dabei gelegentlich umrühren. Die Schokoladenmasse zu den Keksbröseln gießen. Gemahlene Mandelstifte und Eigelb zufügen und gut vermengen. Die Masse etwa 1 Stunde kühl stellen.

Ein großes Stück Alufolie leicht buttern. Die Schokomasse darauf geben und zu einer Wurst von 20 cm Länge formen. Diese dann komplett in die Folie einschlagen und für etwa 4 Stunden ins Tiefkühlfach legen, bis die Schokolade erstarrt ist.

Die restlichen Keksbrösel sehr fein zerkleinern und in einer flachen Schale mit den gemahlenen Mandeln mischen. Die Schokoladensalami aus der Folie nehmen und in der Bröselmischung wenden, bis sie gleichmäßig überzogen ist. Noch 1 Stunde ruhen lassen, dann in dünne Scheiben schneiden und servieren. Für 6–8 Personen.

Tipp: Reichen Sie dieses Konfekt nach dem Essen zu Espresso und Likör.

Crema fritta
(Gebackener Pudding)

500 ml Milch
100 g Zucker
2 gehäufte EL Mehl
2 gehäufte EL Speisestärke
etwas abgeriebene Zitronenschale
2 Eigelb
2 EL Zucker zum Bestreuen
1 TL Zimt zum Bestreuen
Zum Ausbacken:
Olivenöl
1 Ei
2 EL Wasser
4 EL Mehl
4 EL Semmelbrösel

Milch, Zucker, Mehl, Speisestärke und Zitronenschale mit dem Schneebesen glatt rühren. Die Mischung unter Rühren zum Kochen bringen. Sobald sie andickt, vom Herd nehmen und das Eigelb einarbeiten.

Eine flache, rechteckige Auflaufform mit Öl auspinseln. Die Creme einfüllen und glatt streichen. Etwas abkühlen lassen, dann mit Frischhaltefolie abdecken und mindestens 3 Stunden kühl stellen. Den Pudding anschließend mit einem angefeuchteten, spitzen Messer in 5 cm große Rauten oder Quadrate schneiden.

Das Öl 1 cm hoch in eine Pfanne füllen. Den Backofen auf 100 Grad vorheizen. Ei und Wasser verquirlen. Die Puddingstücke zuerst in Mehl, dann in Ei und zuletzt in Semmelbröseln wenden. Portionsweise im heißen Öl von jeder Seite 2 Minuten backen. Die frittierten Puddingstücke auf ein mit Backpapier belegtes Blech setzen und im heißen Backofen warm halten. Vor dem Servieren Zucker und Zimt mischen und über die Puddingstücke streuen.
Für 4 Personen.

Tipp: Dieses Dessert lässt sich wunderbar vorbereiten. Der Pudding kann auch über Nacht im Kühlschrank bleiben. Reichen Sie dazu frische Früchte nach Saison und einen Espresso.

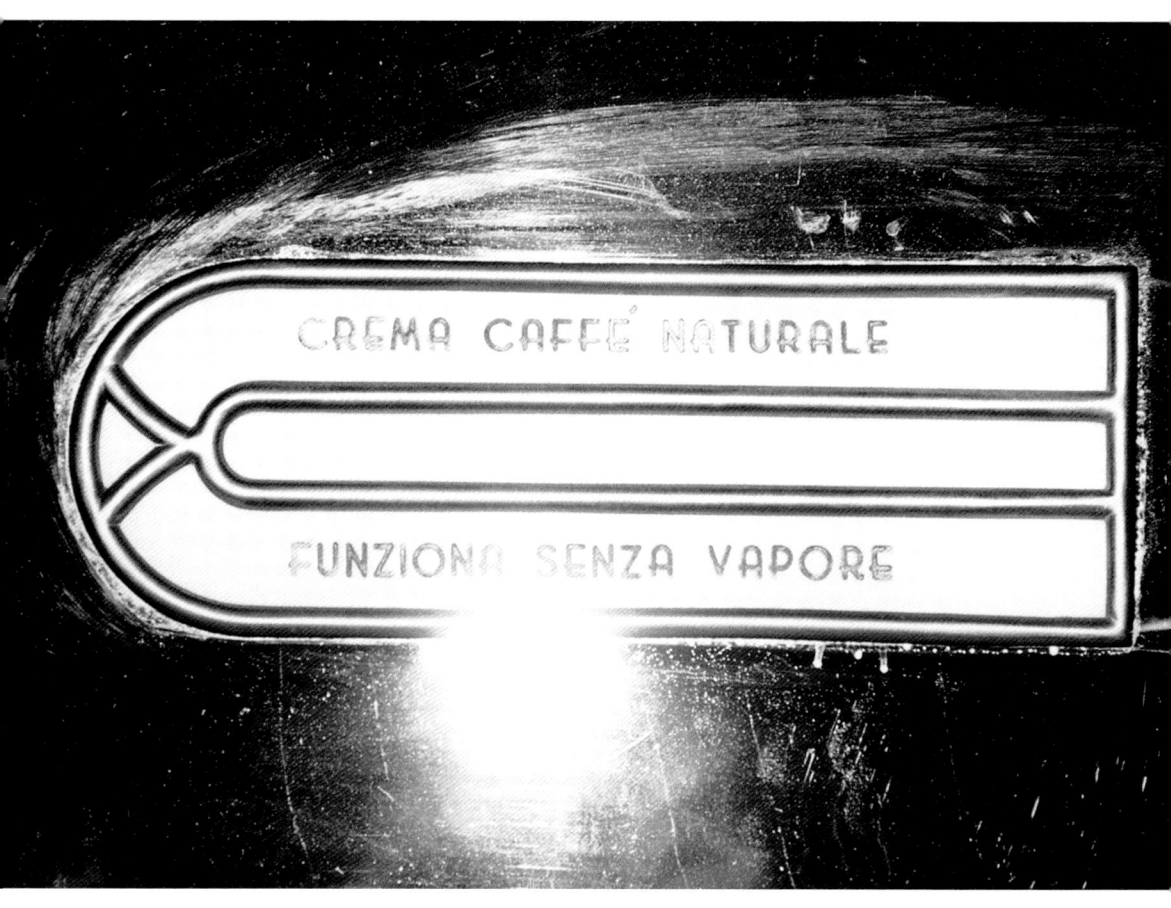

Thunfisch-Oliven-Tramezzini

1 Dose Thunfisch (185 g Einwaage)
125 g Frischkäse
Salz und Pfeffer
300 g schwarze Oliven
2 Salbeiblätter, fein gehackt
2 Knoblauchzehen, zerdrückt
150 g Kopfsalat
2 El Mayonnaise
125 g Sauerrahm
etwas Zitronensaft
4 hart gekochte Eier
4 große Scheiben Toastbrot

Den Thunfisch abtropfen lassen, fein zerdrücken und mit dem Frischkäse verrühren. Mit Salz und Pfeffer würzen. Die Oliven entkernen und sehr fein pürieren. Mit Salz, Pfeffer, Salbei und Knoblauch würzen.
Den Salat in Streifen schneiden. Mayonnaise und Sauerrahm verrühren, mit Salz, Pfeffer und Zitronensaft würzen. Die Salatstreifen unterziehen. Die Eier schälen und in Scheiben schneiden. Zwei Scheiben Toastbrot mit der Hälfte der Salatcreme bestreichen. Darauf nacheinander Eischeiben, Thunfischcreme und Olivencreme streichen. Mit der restlichen Salatcreme abschließen. Die restlichen Toastscheiben auflegen und leicht andrücken. Die Tramezzini diagonal durchschneiden und servieren. Ergibt 4 Stück.

Tipp: Diesen Snack genießen die Italiener in der Mittagspause gerne zu einem Latte macchiato.

Gorgonzola-Panini

2 EL Pistazienkerne
4 Ciabatta-Brötchen
4 frische Feigen
200 g Gorgonzola
4 Blätter Lollo rosso

Die Pistazien grob hacken und in einer Pfanne ohne Fett anrösten. Die Feigen waschen und trockentupfen. Feigen und Gorgonzola in Scheiben schneiden. Die Brötchen halbieren. Die unteren Brötchenhälften mit Salat, Käse und Feigen belegen. Zuletzt mit Pistazien bestreuen. Die oberen Brötchenhälften auflegen und servieren. Für 4 Personen.

Tipp: Für diese Panini können Sie auch ein Ciabatta-Brot verwenden und nach dem Belegen in vier Stücke schneiden. Panini sind in Italien ein beliebtes Zwischengericht. Dazu gibt's Latte macchiato.

Ricette

Rezepte mit Caffè

Espressomandeln

250 g Mandeln oder andere Nüsse
1 EL Öl
1 TL frisch gemahlener Espresso
1 TL Knoblauchpulver
1 TL Salz
1 TL frisch geriebene Muskatnuss
Prise Cayennepfeffer

Den Backofen auf 180 Grad vorheizen.
Mandeln und Öl in einer kleinen Schüssel
schwenken und auf einem Backblech verteilen. Im heißen Backofen 8–10 Minuten
rösten. Die heißen Mandeln mit allen
übrigen Zutaten in einer Schüssel gut vermischen. Die Mandeln dann wieder auf
dem Backblech verteilen und nochmals
2 Minuten im Ofen rösten. Warm oder
bei Zimmertemperatur servieren.
Für 4 Personen.

Tipp: Diese würzigen Espressomandeln
sind ein wunderbarer Gaumenkitzler.
Reichen Sie dazu einen gut gekühlten
Weißwein.

Granita di caffè (Espresso-Sorbet)

2 EL Zucker
50 g frisch gemahlener Espresso
600 ml kochendes Wasser

Zucker und Espressopulver in eine Kanne
geben. Mit dem Wasser aufgießen und 1 Stunde
ziehen lassen. Anschließend durch Filterpapier
abgießen. Den Kaffee in einen flachen Gefrierbehälter füllen, abdecken und für etwa
4 Stunden ins Gefrierfach stellen, bis die Masse
breiig ist. Die angefrorene Mischung in eine
Schüssel geben und mit einer Gabel kräftig
durchschlagen, um die Eiskristalle aufzubre-
chen. Wieder in den Gefrierbehälter gießen und
nochmals für mindestens 4 Stunden ins
Gefrierfach stellen, bis die Masse fest ist.

Das Espresso-Sorbet 45 Minuten vor dem
Servieren in den Kühlschrank stellen, damit es
weicher wird. Für 6 Personen.

Tipp: Servieren Sie das Sorbet in hohen
Gläsern.

Gelato al caffè
(Espresso-Eis)

250 ml Milch
110 g Espressobohnen, grob zerstoßen
5 Eigelb
150 g feiner Zucker
375 ml Sahne

Milch und Espressobohnen bei geringer Hitze langsam erwärmen, bis die Mischung köchelt. Von der Kochstelle nehmen und auf Zimmertemperatur abkühlen lassen. Dann durch ein feines Sieb gießen.

Eigelb und Zucker mit dem Hand-rührgerät schaumig schlagen, bis die Masse hell und dick ist. Die Sahne steif schlagen. Die Espresso-Milch unter die Eimasse rühren und die Hälfte der Schlagsahne behutsam unterziehen. Dann erst die restliche Schlagsahne unterheben und vorsichtig vermischen. Die Masse in einen luftdicht schließenden Behälter füllen, abdecken und für 8–10 Stunden ins Gefrierfach stellen, bis das Eis fest ist.

Das Espresso-Eis 20 Minuten vor dem Servieren in den Kühlschrank stellen, da-mit es weicher wird. Ergibt etwa 1 Liter.

Tipp: Dieses Eis ist etwa einen Monat haltbar.

Panna cotta al caffè
(Kaffee-Sahne-Creme)

6 Blatt Gelatine
400 ml Sahne
100 ml doppelter Espresso
5 EL Zucker
Mark von 1 Vanilleschote

Die Gelatine in kaltem Wasser ein-
weichen. In der Zwischenzeit Sahne,
Espresso, Zucker und Vanillemark unter
Rühren aufkochen. Die Kaffeesahne von
der Kochstelle nehmen. Die Gelatine gut
ausdrücken und in die heiße Mischung
rühren.

Vier Förmchen (je 150 ml Inhalt) mit
kaltem Wasser ausspülen und die Kaffeesahne einfüllen. Die Förmchen für etwa
4 Stunden in den Kühlschrank stellen,
bis die Creme geliert ist.

Die Panna cotta zum Servieren mit
einem scharfen Messer vom Rand der
Förmchen lösen und auf Teller stürzen.
Für 4 Personen.

Espresso-Kardamom-Flans

200 g Zucker
2 EL Espressobohnen
10 grüne Kardamomkapseln
125 ml Wasser
1/2 Vanilleschote
400 ml Milch
5 Eier
2 Eigelb

Sechs Förmchen (je 150 ml Inhalt) dünn mit Öl auspinseln. 150 g Zucker in einem Topf bei mittlerer Hitze goldbraun karamellisieren lassen. Vom Herd nehmen. Die Hälfte des Karamells in die vorbereiteten Förmchen gießen. 1 Esslöffel Espressobohnen, 5 Kardamomkapseln und das Wasser mit dem restlichen Karamell aufkochen. Dann abkühlen lassen.

Den Backofen auf 200 Grad (Umluft 170 Grad) vorheizen. Die Vanilleschote längs aufschlitzen. Milch, Vanilleschote, restliche Kardamomkapseln und Espressobohnen 2 Minuten kochen. Eier, Eigelb und restlichen Zucker schaumig schlagen. Die Milch durch ein Sieb gießen und langsam in die Eimasse rühren. Die Eiermilch in die Förmchen verteilen. Diese bis 2 cm unter den Rand in ein Wasserbad setzen, abdecken und im heißen Backofen 20–25 Minuten stocken lassen. Die Flans danach aus dem Wasserbad heben und mindestens 3 Stunden abkühlen lassen.

Die Flans zum Servieren mit einem Messer aus der Form lösen und auf Teller stürzen. Mit dem vorbereiteten Karamell übergießen. Für 6 Personen.

Tiramisu

4 tagesfrische Eigelb
80 g Zucker
500 g Mascarpone oder Sahnequark
100 g Löffelbiskuits
8 EL Espresso
4 EL Amaretto oder Cognac
2 EL Borkenschokolade zum Bestreuen

Eigelb und Zucker mit dem Handrührgerät auf höchster Stufe 5 Minuten schaumig schlagen. Den Mascarpone zugeben
und gut vermischen.
Die Hälfte der Creme in eine flache Form
(30 x 15 cm) füllen und mit Löffelbiskuits
belegen. Espresso und Amaretto mischen
und die Biskuits gleichmäßig damit be-
träufeln. Kurz durchziehen lassen, dann
die restliche Creme auf den Biskuits verteilen und glatt streichen. Die Form für
2–3 Stunden in den Kühlschrank stellen.
Vor dem Servieren mit Borkenschokolade
bestreuen. Für 6–8 Personen.

Tipp: Tränken Sie die Löffelbiskuits nicht
zu stark, sonst wird das Dessert matschig.
Das Tiramisu können Sie zum Servieren
auch mit Kakao bestäuben.

Zabaione al caffè
(Kaffee-Schaumcreme)

4 tagesfrische Eigelb
2 EL Zucker
100 ml Espresso
40 ml Kaffeelikör
1 Msp. Muskatnuss
abgeriebene Schale von 1 unbehandelten Zitrone

Eigelb und Zucker in einer hitzebestän-
digen Schüssel schaumig rühren. Die
Schüssel über ein heißes Wasserbad setzen und unter Rühren Espresso, Likör,
Muskatnuss und Zitronenschale zugeben.
Die Eimasse schlagen, bis sie cremeartig
ist. Die Zabaione in Dessertgläser füllen
und sofort servieren. Für 4 Personen.

Tipp: Verzieren Sie die Zabaione noch mit
Schlagsahne und feinen Streifen Zitronen-
schale. Wer mag, bestäubt sie mit Kakao.
Dazu gibt's Löffelbiskuits.

Zuccotto (Biskuitbombe)

200 g Zartbitterschokolade, in Stücken
800 ml Sahne
1 Tortenbiskuitboden (selbst gemacht oder vom Bäcker)
2 Päckchen Sahnesteif
2 EL kalter Espresso
50 g Mandeln, gehackt
50 g Haselnüsse, gehackt

Die Schokolade und 400 ml Sahne unter Rühren aufkochen. Abkühlen lassen und etwa 3 Stunden im Kühlschrank durch-kühlen lassen.

Den Tortenboden einmal waagrecht durchschneiden. Eine Schüssel mit rundem Boden (2–2 1/2 l Inhalt) dient als Form. Aus einer Tortenbodenplatte einen Kreis (etwa 20 cm Durch-messer) in der Größe des oberen Schüsselrandes ausschneiden. Aus dem restlichen Biskuit neue schmale Tortenstücke und einen Kreis (5 cm Durchmesser) schneiden. Die Schüssel mit Wasser ausspülen und mit Klarsichtfolie auslegen. Den kleinen Kreis auf den Boden der Schüssel legen, dann die Tortenstücke mit der Spitze nach unten in die Form legen.

Die restliche Sahne mit dem Sahnesteif steif schlagen. Die gekühlte Schokosahne ebenfalls steif schlagen und den Espresso unterziehen. Beide Sahnemischungen, Mandeln und Haselnüsse locker vermengen. Die Masse in die Schüssel geben und glatt streichen. Zuletzt den großen Biskuitkreis auflegen und an-drücken. Den Zuccotto für mindestens 3 Stunden in den Kühl-schrank stellen. Zum Servieren vorsichtig auf eine Platte stürzen. Für 10 Personen.

Tipp: Den Zuccotto können Sie schon am Vortag zubereiten. An heißen Sommertagen schmeckt er auch als Halbgefrorenes. Stellen Sie den Zuccotto dafür etwa 3 Stunden in das Gefrierfach. Wer mag, tränkt den Biskuit in der Schüssel noch mit einer Mischung aus 4 Esslöffeln Weinbrand und 4 Esslöffeln Espresso.

Walter Vogel

1932 in Düsseldorf geboren, lernte Walter Vogel zunächst Maschinenschlosser und wurde Ingenieur, bevor er das Fotografieren zu seinem Beruf machte. 1963 wechselte der Dreißigjährige an die Folkwangschule in Essen-Werden, die er 1968 unter Leitung von Prof. Dr. Otto Steinert mit dem Examen abschloss.

Erste Fotos waren schon 1950 entstanden, bis in die sechziger Jahre machte er Reportagen über das Ruhrgebiet und den Zirkus sowie Porträts von Künstlern um die Galerie Schmela, darunter Joseph Beuys und Daniel Spoerri, von Tänzerinnen der Folkwangschule und der Choreographin Pina Bausch.

In der Folge wurde Vogel von den Fotopäpsten jener Zeit, Kempe, Steinert und Pawek, gefördert, entzog sich jedoch Mitte der siebziger Jahre den sich daraus ergebenden Verpflichtungen – ausgelöst durch eine Zeit des Reisens. New York und Zentralafrika als antipodische Zivilisationspunkte, die Konfrontation mit dem Tourismus und sein Einbruch in die asiatische Kultur waren Erlebnisse, die seine Arbeiten bis 1976 beeinflussten, verbunden mit dem Bemühen, gefährdete Milieus in Genua, Lüttich und Paris zu dokumentieren. 1977 erfolgte ein Umzug nach Frankfurt am Main.

Schon früh war das Medium Fotobuch erstrebenswertes Endprodukt, inspirierend wirkten die epochemachenden Werke von Avendon, Brassaï und Penn. Anfang der achtziger Jahre wurden erste Text-Bild-Berichte veröffentlicht, die Themen Espresso und Travestie arbeits- und lebensbestimmende Inhalte. Bis 1990 bereicherten weitere Reisen nach Italien und Paris, ein Aufenthalt in Bombay und das Travestie-Nightlife sein Œuvre, das in den Büchern »Espresso« und »Die Schönen der Nacht« biographischen und künstlerischen Niederschlag fand und im Band »Das Café«, dem ausgedehnte Reisen quer durch Europa und seine Kaffeehäuser vorausgegangen waren, seine Ergänzung erfuhr.

Außerdem sind bisher die Bildbände »Italien«, »Pina«, »Die Wiener Staatsoper« sowie »Die frühen Jahre« erschienen.

Caffè-Adressen

Ascoli Piceno
Caffè Meletti
Piazza del Popolo, 18/22

Bologna
Caffè-Bar
im Palazzo Re Enzo, Via Rizzoli

Florenz
Bar Borsa
Via Calimala
Caffè Gelateria Perseo
Piazza della Signoria
Caffè Pasticceria Gilli
Via Roma, 1/r
Caffè Pasticceria Rivoire
Piazza della Signoria, 5/r
Gran Caffè Giubbe Rosse
Piazza della Repubblica, 13–14 r

Genua
Antico Caffè Laiolo
Via Lomellini
Bar Il Baretto Gallese
Via San Vincenzo, 41 r
Bar Mazzini
Galleria Mazzini
Bar Galleria
Galleria Mazzini
Bar Pippo
Via di Pré, 178 r
Caffè Pasticceria Klainguti
Piazza Soziglia, 98–100 r
Le Café des Artistes
Via Settembre

Mailand
Caffè Pasticceria Marchesi
Via S. Maria alla Porta, 11/a
Caffè Pasticceria Taveggia
Via Visconti Modrone, 2
Caffè Zucca, genannt »Campa-
rino«, Piazza del Duomo, 21

Montecatini
Caffè Tettuccio
Tettucino-Terme

Neapel
Bar Stazione Centrale
Piazza Garibaldi

Padua
Caffè Vescovi
Piazza Erbe, 6

Parma
Bar San Pietro
Piazza Garibaldi, 13/a
Caffè dell' Orologio
Piazza Garibaldi, 19/h

Perugia
Caffè Pasticceria Sandri
Corso Vannucci, 32

Reggio C.
Extra-Bar
Piazza Duomo

Rom
Antico Caffè Greco
Via Condotti, 86

Caffè San Carlo
Via del Corso, 119/121
Caffè Tazza d'Oro
Via degli Orfani, 84
Caffè Colombia
Piazza Navona

Spoleto
Canasta-Bar
Piazza della Liberta

Stresa
Bar Pasticceria Gigi
Corso Italia, 30
Grandhotel Des Iles Borromées
Corso Umberto, I 67

Tarent
Bar Cristallo
Piazza Maria Immacolata, 10

Triest
Caffè San Marco
Via Battisti, 18
Caffè Tommaseo
Rive Tre Nombre, 5

Turin
Bar Augustus
Via Roma, 86
Caffè Gelateria Fiorio
Via Po, 8
Caffè Mulassano
Piazza Castello, 15
Caffè Platti
Corso V. Emanuele, 72
Caffè San Carlo
Piazza San Carlo, 156
Mokita-Bar
Piazza San Carlo, 217

Venedig
Caffè Florian
Piazza San Marco, 56
Harry's Bar
San Marco, 1323

Verona
Caffè Tubino
Corso di Porta Borsari, 15/d
Caffè Tres Corone
Piazza San Carlo, 156

In Deutschland:
Bazzar-Caffè
Heinrich-Heine-Allee 53,
Düsseldorf
Wacker's Kaffeegeschäft
Rösterei und Verkauf aus einer
Hand – vorbildhatte Rösterei vor
den Toren der Stadt,
Kornmarkt 9–11, Frankfurt am
Main

Bildnachweis

Textnachweis

13 Zitiert nach: Michael Rössner (Hg.), *Literarische Kaffeehäuser,*
Kaffeehausliteraten, © 1999 Böhlau Verlag Ges.m.b.H. & Co. KG, Wien, Köln,
Weimar, S. 334, Übersetzung: Michael Rössner.

15 »Il caffè. Almanacco per l'anno 1830«, zitiert nach: Danilo Reato: *Künstler im*
Café, © 1999 arsEdition GmbH, München, S. 8–9, Übersetzung: Sabine
Hobelsberger.

22 Heidi Brang, »Kaffee und Kirschen«, © 2000 Heidi Brang, Berlin.

29 Umberto Eco, »Wie man die vermaledeite Kaffeekanne benutzt«, in ders.: *Wie*
man mit einem Lachs verreist und andere nützliche Ratschläge, aus dem
Italienischen von Günter Memmert und Burkhart Kroeber, © 1994 Carl Hanser
Verlag, München, Wien, S. 129.

30 Heinrich Eduard Jacob, *Sage und Siegeszug des Kaffees,* Rowohlt Verlag,
Reinbek bei Hamburg 1952, S. 31–32, © Hans Jörgen Gerlach, Berlin.

47 Zitiert nach: Heinrich Eduard Jacob, *Sage und Siegeszug des Kaffees,* Rowohlt
Verlag, Reinbek bei Hamburg 1952, S. 54, © Hans Jörgen Gerlach, Berlin.

49 »Il caffè, Juni 1764«, zitiert nach: Danilo Reato: *Künstler im Café,* © 1999
arsEdition GmbH, München, S. 20, Übersetzung: Sabine Hobelsberger.

50 Daniel Wilhelm Triller, »Lob des caffe«, aus: ders.: *Poetischer Petrachtungen,*
Ueber verschiedene aus der Natur- und Sittenlehre hergenommene Materien,
Vierter Theil, Hamburg 1747

52 »Il caffè. Almanacco per l'anno 1830«, zitiert nach: Danilo Reato: *Künstler im*
Café, © 1999 arsEdition GmbH, München, S. 10–11, Übersetzung: Sabine
Hobelsberger.

55 Zitiert nach: Michael Müller (Hg.): *Kaffee, Eine kleine kulinarische Anthologie,*
© 1998 Philipp Reclam Jun. Stuttgart, S. 26, Übersetzung: Michael Müller.

58 Heinrich Eduard Jacob, *Sage und Siegeszug des Kaffees,* Rowohlt Verlag,
Reinbek bei Hamburg 1952, S. 26, © Hans Jörgen Gerlach, Berlin.

62 Christian Morgenstern, *Galgenlieder,* Verlag von Bruno Cassirer, Berlin 1920.

66 Franz Kafka, *Amerika,* hg. von Max Brod, Kurt Wolff München 1927, S. 350f.

75 Carlo Goldoni, »Das Kaffeehaus«, Komödie in drei Akten, in: ders.: *Komödien,*
© 1965 Winkler-Verlag, München, S. 108, Übersetzung: Heinz Riedt.

77 Aus dem »Osservatore Veneto« am 22. August 1761, zitiert nach: Danilo Reato:
Künstler im Café, © 1999 arsEdition GmbH, München, S. 38, Übersetzung: Sabine
Hobelsberger.

83 Zitiert nach: Michael Rössner (Hg.), Literarische Kaffeehäuser,
Kaffeehausliteraten, © 1999 Böhlau Verlag Ges.m.b.H. & Co. KG, Wien, Köln,
Weimar, S. 315–316, Übersetzung: Michael Rössner.

84 Zitiert nach: Michael Rössner (Hg.), *Literarische Kaffeehäuser,*
Kaffeehausliteraten, © 1999 Böhlau Verlag Ges.m.b.H. & Co. KG, Wien, Köln,
Weimar, S. 337, Übersetzung: Michael Rössner.

87 Peter Altenberg, »Kaffeehaus«, aus: ders.: *Vita Ipsa,* S. Fischer, Berlin 1918,
S. 24.

91 Zitiert nach: Danilo Reato: *Künstler im Café,* © 1999 arsEdition GmbH, München,
S. 168–169, Übersetzung: Sabine Hobelsberger.

94 Umberto Eco, »Wie man die vermaledeite Kaffeekanne benutzt«, in ders.: *Wie*
man mit einem Lachs verreist und andere nützliche Ratschläge, aus dem
Italienischen von Günter Memmert und Burkhart Kroeber, © 1994 Carl Hanser
Verlag, München, Wien, S. 130.

Abdruck der Texte mit freundlicher Genehmigung der Rechteinhaber. Für einige
Texte waren die Rechteinhaber trotz intensiver Recherche nicht zu ermitteln; sie
werden hiermit gebeten, sich an den Verlag zu wenden.